AF329550

DISCOURS

Prononcés le 11 Avril 1877

SUR LA TOMBE DE

MONSIEUR FRANÇOIS VALLAGE

20 Mai 1803. — 8 Avril 1877.

Discours de Monsieur DELLISSE-ENGRAND, Maire de la Ville de Béthune :

Messieurs.

Le malheur qui nous réunit en ce moment, ne frappe pas seulement la respectable association dont Monsieur Vallage était le Doyen vénéré, il touche profondément notre ville elle-même qu'il atteint dans sa partie la plus digne d'intérêt et de sympathie, dans la classe pauvre et nécessiteuse.

Il ne m'appartient pas de vous dire ce que fut Monsieur Vallage au sein de cette Corporation qui l'entourait avec tant de joie et de sympathie en juillet dernier, à l'occasion de cette mémorable fête, à laquelle s'associat la cité toute entière, mais c'est pour moi un devoir de payer un juste tribut de reconnaissance au chef regretté de cette Confrérie dont les nombreux services ne peuvent plus se compter, à l'homme de bien dont nous avons pu, en tant de circonstances, apprécier le zèle, le dévouement et les sentiments charitables.

Qui de nous ne se rappelle, avec quelle ardeur il s'occupait au Conseil municipal, des intérêts qui lui étaient confiés, avec quel soin, quelle sollicitude, il remplissait au bureau de bienfaisance, les délicates et fatigantes fonctions de Père des Pauvres.

Mais c'est surtout à la tête de cette Société de Secours Mutuels qu'il fut appelé à organiser, et dont il fut longtemps le Président, que M. Vallage montra un dévouement, une persévérance sans égal. Voulant à tout prix faire pénétrer dans nos populations ouvrières les bienfaits de ces œuvres si fécondes et malheureusement encore trop incomprises, il n'épargna ni son temps, ni son argent; à force de démarches, d'instances, il finit par arriver au but qu'il poursuivait, triomphant ainsi de cette espèce d'inertie qui met si souvent obstacle à toute œuvre nouvelle et recule toujours sa réussite quand elle ne l'entrave pas tout-à-fait.

Tant de généreux efforts devaient nécessairement signaler Monsieur Vallage à l'attention de ces Sociétés qui se sont donnés pour but d'encourager et de récompenser les hommes utiles, et notre concitoyen, après avoir été à plusieurs reprises, le lauréat de la Société nationale d'Encouragement au Bien, en recevait la suprême distinction qui n'est donnée qu'aux plus méritants, la Couronne Civique.

Nulle récompense, Messieurs, ne fut plus justement donnée : car jusqu'à son dernier souffle, Monsieur Vallage n'eût qu'une seule pensée : soulager les infortunes, secourir cette classe nécessiteuse qui avait été l'objet de ses préoccupations pendant toute sa vie.

S'il en fallait une preuve, ne la trouverions nous pas éclatante, indiscutable, dans ce testament qui contient de si nombreuses et si généreuses dispositions en faveur de nos institutions de bienfaisance.

Nous ferons à notre tour, Messieurs, acte de justice en rendant à la mémoire de Monsieur Vallage un hommage bien mérité.

Avant de quitter cette tombe qui va se refermer pour toujours, vous vous joindrez à moi pour donner au Bienfaiteur généreux et dévoué un suprême et dernier témoignage de reconnaissance et de regret.

Au nom de nos concitoyens, au nom des pauvres et des orphelins surtout :

Adieu, Monsieur Vallage, adieu.

Discours de Monsieur LE MARCHAND, Membre de la Confrérie des Charitables de Béthune :

MESSIEURS,

Charitables de Saint-Éloi de Béthune et de Beuvry.

Devant cette émotion si sincère et si légitime que vous ressentez tous, et qui m'oppresse, trouverai-je encore des paroles pour dire toute la douleur que nous éprouvons de la perte de notre cher et vénérable Doyen ?

Il est donc bien vrai, Confrères, que tout s'évanouit ici-bas !

« O Dieu ! Vous avez fait mes jours mesurables, et ma substance n'est rien devant vous. »

Vous l'avez connu, vous tous qui m'entendez, — Dieu vient de le rappeler à lui.—Mais vous avez pu apprécier toutes les nobles qualités de son âme généreuse. Il n'y a qu'un instant, une voix plus autorisée que la mienne vous a raconté comment il a vécu au milieu de vous. — Oui son seul but pendant sa longue carrière n'a jamais été que de faire le bien. — Tous ses actes en témoignent, et, tous les pauvres qu'il a secourus vous diront encore longtemps, les larmes aux yeux, qu'ils ont perdu un véritable père.

Vous tous qui êtes venus ici, parents ou amis, en quittant cette tombe, n'emporterez-vous pas avec vous pour ne vous en séparer jamais, le souvenir de celui avec qui vous eûtes des relations si agréables et si précieuses ! — Ne conserverez-vous pas religieusement la mémoire de Monsieur Vallage ?

Reposez donc en paix, cher Doyen !

Vos bonnes œuvres si nombreuses sur la terre, votre Apostolat de cinquante années dans la Confrérie des Charitables, ne sont-ils pas auprès de Dieu des titres assez puissants pour qu'il vous fasse jouir dès maintenant de la récompense qu'il réserve à vos si nobles et si dignes travaux ?

Mes Confrères, élevez vos cœurs et vos pensées vers l'éternel séjour : Ne vous semble-t-il pas voir en ce moment la grande et céleste figure de Saint Éloi, notre glorieux Patron, Germon et Gauthier, nos saints fondateurs, et cette foule immense de héros

obscurs, qui, comme notre Doyen, ont passé leur vie dans le
dévouement et dans l'abnégation ! — Ne vous semble-t-il pas,
dis-je, les voir tous se grouper autour de notre vénéré Doyen et
lui former le plus brillant cortége pour l'accompagner et le con-
duire devant le trône que Dieu lui décerne dans sa miséricorde
divine.

Et maintenant ! Adieu ! Cher Doyen ! Notre Prévôt qui pendant quarante-sept ans fut votre ami fidèle, que la douleur brise
en ce moment, et dont l'âme est déchirée par une si cruelle
séparation ! Notre Prévôt, dis-je, vous dit Adieu !

Nos anciens Prévôts, nos Mayeurs, nos Confrères anciens et
nouveaux qui ont tenu à vous accompagner jusqu'à votre der-
nière demeure, vous disent aussi : Adieu !....

Ils garderont soigneusement le souvenir de vos instructions,
l'image de vos vertus et les exemples de votre vie....

Adieu, cher Doyen, au revoir dans l'Eternité.

Discours de Monsieur Eugène BÉGHIN, Délégué de la
Société Nationale d'Encouragement au Bien :

MESSIEURS,

Après les éloges si bien mérités et si bien exprimés que vous
venez d'entendre, j'apporte, à mon tour, le faible tribut de ma
reconnaissance et de mes hommages à la mémoire de l'homme
de bien que nous avons perdu.

Une grande et noble existence vient de s'éteindre.

Chaque jour apporte sous nos yeux, de nouveaux holo-
caustes.

Quelle que soit notre foi dans une vie immortelle, quelle que
soit notre espérance de revoir un jour les amis, les bienfaiteurs
que la mort nous enlève, rien ne peut adoucir pour nous, la
douleur des premiers instants de la séparation. Le vénéré
Monsieur Vallage, notre Collègue, a des droits aux regrets de
tous : homme de cœur et homme de bien dans toute l'acception
du mot, il a passé dans la vie en amassant des trésors pour le
Ciel. Les pauvres pour qui sa main généreuse s'est tant de fois
ouverte, les amis qu'il a aidés, les institutions qu'il a fondées
et secourues, béniront sa mémoire et leurs prières lui ont déjà
ouvert les portes du repos éternel.

Nous qui l'avons connu, qui l'avons aimé, nous le pleurons
avec vous tous, Messieurs, dont il partageait les pieuses et
charitables occupations et nous avons besoin, pour être résignés,
de songer que la mort du juste n'est qu'une autre naissance ; que
le silence de la mort n'est que la méditation de la vraie vie.

Il y a quelques mois, j'étais délégué par la Société Nationale
d'Encouragement au Bien pour remettre à Monsieur Vallage,
l'une des plus brillantes distinctions dont cette Société dispose.
Nous étions loin de supposer alors la perte cruelle que nous
subissons aujourd'hui. Les vives sympathies du Conseil supérieur
de cette Société n'ont pas manquées à M. Vallage dans le cours
de sa maladie et je me rappelle avec émotion, le bonheur que je
pus lui procurer encore lorsque je lui annonçais, il y a quinze
jours, que la Société d'Encouragement au Bien venait de
lui décerner une **Couronne civique**, sa plus haute récompense.

De tels faits dispensent de tous commentaires et prouvent que les services rendus par Monsieur Vallage. ont été appréciés non seulement à Béthune mais encore dans les plus hautes régions officielles.

Monsieur Honoré Arnoul. Secrétaire général de la Société d'Encouragement au Bien, dont je suis l'interprète, dans l'impuissance d'assister aux funérailles de Monsieur Vallage son noble et bienveillant ami, lui envoie l'adieu suprême de son cœur et toute la fraternité de son âme.

Quand on a vécu, souffert et aimé comme lui on peut s'en aller dans la tombe. fortifié par cette pensée auguste que celui qui laisse d'honorables et bons souvenirs peut attendre sans frayeur, comme Lazare, le jour du réveil et le jugement de Dieu.

Au nom de la Société nationale d'Encouragement au Bien que j'ai l'honneur de représenter en cette triste circonstance, au nom des autres Sociétés de Bienfaisance où j'avais l'honneur d'être son collègue, qu'il me soit permis de remercier Monsieur Vallage. du Concours si généreux qu'il n'a cessé de leur fournir et de lui adresser un suprême adieu.

Adieu, Monsieur Vallage, Adieu !

Discours de **M. COQUIDÉ**, ancien Mayeur de la Confrérie des Charitables de Béthune :

Messieurs,

Une profonde douleur remplit notre âme.

Il est là, dans son froid linceul, celui dont le cœur était brûlant de charité.

Il est là, pour toujours éteint, ce flambeau de générosité qui brillait à notre tête et nous guidait dans le chemin de la bienfaisance.

Ah ! Messieurs, versons encore et ensemble, quelques larmes et quelques regrets sur cette fosse entr'ouverte, où dormira du sommeil des justes notre Vénérable Doyen.

Il y a huit mois, une imposante solennité s'accomplissait à Béthune : Monsieur Vallage célébrait son Jubilé de Charitable de Saint Eloi. Les Autorités religieuses et civiles, les honorables Membres ou Délégués de la Société Nationale d'Encouragement au Bien, les Prévôts de Beuvry, les Prévôts, Mayeurs et Confrères de Béthune, tous enfin, réunis sous les auspices de notre Doyen, nous saluions la gloire de son charitable passé, et nous lui souhaitions les douceurs d'un long et paisible avenir. Nous avons encore présente à la pensée cette fin de l'allocution de notre Prévôt Déruelle :

« Permettez-moi, cher Doyen, d'exprimer un vœu bien
» sincère de la Confrérie : C'est que Dieu daigne joindre
» encore de longues années à la belle et vigoureuse
» vieillesse dont vous jouissez ! »

Hélas ! Messieurs, Dieu ne l'a point permis ! En quelques mois, la solide constitution de Monsieur Vallage s'est trouvée complètement affaiblie ; Saint Eloi, notre glorieux patron, a ouvert ses bras au premier de ses serviteurs ; et le robuste vieillard nous a quittés soudain pour se rendre au céleste appel !

Il n'est plus, celui qui a marqué son passage sur la terre par tant de bienfaits ! — Ce modèle d'exactitude et de dévoûment que vénéraient tant les deux confréries sept fois séculaires ! — Cet homme généreux qui distribuait aux Chapelles et aux Pauvres des marques si abondantes de sa bonté ! — Il n'est plus ;

mais tous ses souvenirs nous restent, pour nous parler de lui. Tout Béthune se souviendra de l'homme de bien qui s'est prodigué pour le renom et la prospérité de la ville. Les Confrères Charitables, tant ceux des âges futurs que ceux d'aujourd'hui, répèteront que le Doyen Vallage a emporté dans la tombe les regrets universels, parce qu'il était de ceux qui sèment les bonnes œuvres, c'est-à-dire de ceux qui devraient toujours vivre.

Adieu, Monsieur Vallage !

Ou plutôt au revoir ! — Au revoir, un jour auprès de St-Eloi !!

Imp. de Frédéric.